중년을 위한
기도 여행

알아가기

김민정 목사

담임 목회자로 6년, 회사 사목으로 8년간 사역했다. 현재는 좋은목회연구소 소장으로 10여 년째 사역 중이다. 삶의 현장에서 어떻게 하면 성도들이 성경적이고 올바른 기도를 통해 하나님을 만날 수 있을까 고민하며 지금까지 수년간 기도문 시리즈를 출간해 왔다. 이번 책은 중년까지 지켜주신 은혜에 감사하고 앞으로의 인도하심을 신뢰하며 작성하는 기도 노트이다. 하나님 안에서 나를 다시 알아가고 사랑하기 위한 질문들을 담았다.

저서로는 「하나님과 함께하는 출근길 365」, 「하나님과 함께하는 말씀기도 365」, 「이야기로 본 새가족 성경공부」, 「모든 성도는 이제 인대인이다」, 「하나님과 함께하는 자녀기도 100」(이상 생명의말씀사) 등이 있다.

이메일 | newsong35@naver.com
좋은목회연구소 | www.goodministry.org
유튜브 | 김민정 목사 TV

중년을 위한
기도 여행 _ 알아가기

© **생명의말씀사** 2022

2022년 12월 9일 1판 1쇄 발행

펴낸이 | 김창영
펴낸곳 | 생명의말씀사

등록 | 1962. 1. 10. No.300-1962-1
주소 | 서울시 종로구 경희궁1길 6 (03176)
전화 | 02)738-6555(본사) · 02)3159-7979(영업)
팩스 | 02)739-3824(본사) · 080-022-8585(영업)

지은이 | 김민정

기획편집 | 서정희, 김자윤
디자인 | 김혜진
인쇄 | 영진문원
제본 | 비춤바인텍

ISBN 978-89-04-17210-8 (03230)

저작권자의 허락없이 이 책의 일부 또는 전체를
무단 복제, 전재, 발췌하면 저작권법에 의해 처벌을 받습니다.

Prayer note for middle age

중년을 위한
기도 여행

나를 다시 알아가고
하나님을 새롭게 만나는
매일 다이어리

김민정

알아가기

생명의말씀사

Prayer note for middle age

지금까지 정말 수고 많으셨습니다.
여기까지 온 당신은 참 멋진 사람입니다.

이제부터는 당신을
조금 돌아보면 어떨까요?

지금까지 당신은 무엇을 위해
살아왔습니까?

잘 떠오르지 않는다면 지금까지 당신에게 주어진 역할들을 한번 써볼까요?

- 살면서 제일 힘들었던 역할은 어떤 것이었나요?

- 자신을 칭찬해주고 싶을 만큼 가장 좋은 열매를 맺은 영역은 어떤 부분인가요?

- 당신이 살고 싶었던 그런 삶에 조금은 가까워지셨는지요?

- 실제로 살고 싶었던 삶은 어떤 삶이었나요?

- 당신 자신을 위해 '이것만큼은 잘해줬다'라는 부분은 어떤 부분이 있으세요?

치열하게 살아오느라
몸과 마음이
무너지지는 않았나요?

- 당신은 어떤 꿈이 있었나요?

- 당신의 몸이 가장 건강했던 때는 언제였나요?

- 가장 밝게 웃으면서 살았던 시절이 궁금하네요.

- 지금 당신의 주변은 어떤 상황이세요?

- 당신의 마음은 괜찮으신가요?

당신을 위해
무언가 회복하고 싶은 것이
있으세요?

- 당신을 잠시라도 행복하게 하는 것은 무엇인가요?

- 언젠가 하고 싶은, 꿈꾸는 무엇이 있으신가요?

- 당신은 자신이 뭘 좋아하는지, 뭘 싫어하는지 아시나요?

- 지금 하나님과의 거리는 어느 정도인가요?

- 당신이 회복하기 위해 꼭 필요한 것이 있다면 한번 써보실래요?

지금으로부터 10년 후
당신이 어떤 모습이길
바라시나요?

- 가정적으로는 어떤 모습을 그리나요?

- 개인적으로 기대하는 모습이 있으세요?

- 사회적으로는 어떤가요?

- 신앙적으로 하나님과 어떤 관계를 바라세요?

이것만은
꼭 해보고 싶은
무엇이 있으신가요?

- 꼭 가보고 싶은 여행지가 있으신가요?

- 꼭 해보고 싶은 운동이나 관심사가 있으세요?

- 꼭 먹어보고 싶은 음식이 있으세요?

- '이런 시간을 보내고 싶다' 싶은 소망이 있나요?

들어가는 글

먼저 당신을 칭찬하고 싶습니다.
얼마나 수고로운 인생을 사셨습니까?
당신이 실패한 부분이 있다고 해서 수고하지 않은 것은 아닙니다.
아니, 그 실패들로 인해
훨씬 더 많은 수고를 했을 것입니다.
그러니 지금 당신 모습 그대로
당신은 칭찬받아 마땅합니다.

물은 더러운 물이 없다고 합니다.
만약 물이 더럽다면,
그것은 무언가를 씻어냈기 때문이라고 하네요.
당신의 마음이 무너졌다면,
그것은 당신의 마음으로 누군가를 씻어냈기 때문입니다.
당신의 몸이 무너졌다면,
그것은 당신의 몸을 소모해서 누군가를 도왔기 때문입니다.
그러니 낙심하지 마세요.
당신은 존재하는 그 자체로 훌륭한 인생입니다.

Prayer note for middle age

당신은 언제나 누군가의 기쁨이었습니다.
태어나서는 부모의 기쁨이었고,
사랑할 때는 연인의 기쁨이었고,
자녀를 낳아서는 자녀의 기쁨이었습니다.
당신은 언제나 누군가의 필요였습니다.
당신의 역할 때문에 이 세상이 돌아간다는 생각을 해보셨나요?
단지 돈을 벌기 위해 일을 했을지 모르지만
그 일로 인해서 사람들은 도움을 받았습니다.
그런 퍼즐 조각들이 모여 이 세상을 이루었습니다.
당신은 이 세상의 가장 중요한 퍼즐 한 조각입니다.

이제 이렇게 중요한 당신을 좀 알아가야 하지 않을까요?
주어진 역할에 치중하다 보니 역할이 나라는 생각이 듭니다.
그런데 중년을 지나며 우리는 그 역할들을 내려놓게 됩니다.
그렇게 나를 잃어버리고 빈껍데기만 남는 것 같지만, 아닙니다.
중년은 역할이라는 껍데기를 벗어버리고,
이제 진짜 나를 만나야 하는 시간입니다.

그동안 지쳐버린 마음을 다독이고,
그동안 상해버린 몸을 돌보고,
그동안 잃어버린 나의 꿈과 본연의 성품을 되찾는 시간입니다.
중년의 내가 다시 본연의 나를 만나는 시간,
나를 알아채고 살피는 시간입니다.

이 노트는 나의 몸과 마음, 걱정들을 알아차리는 데
도움이 될 겁니다.
그 알아차림을 가지고 하나님께 나아가는 거죠.
내 마음을 잘 아는 것 같지만, 왜 그런지는 잘 모를 때가 있습니다.
때로는 날씨가 흐려서, 아침의 불쾌한 소음 때문에,
재채기를 하다 혀를 깨물어서 마음이 불쾌하고 낙망 되기도 합니다.
두리뭉실 뭉쳐진 낙망은 눈덩이처럼 커지지만
정체를 모른 채 방치하기 십상입니다.

Prayer note for middle age

수박 한 덩이를 한꺼번에 먹어 치울 수는 없지만,
아주 작은 조각씩 하루에 한 입씩 먹는다면
즐겁고 쉬운 일이 될 수도 있습니다.
그렇게 나를 알아가며 조금씩 짐을 덜어가면 어떨까요.
무거운 역할에 지쳐, 세상의 비바람에 젖어 고단한 마음으로
나에게 도움을 요청하는 내 안의 나를
품어 안아보는 시간 되길 소망합니다.
이 기록들이 당신을 위한 따뜻한 거울이 되었으면 좋겠습니다.

가벼운 반복이지만, 꾸준히 써나가면서
나와의 시간을 누려보시길 바랍니다.
막연한 걱정이 선명해지고 그것을 털어내면서
하나님 앞에 무엇을 가져가야 할지 발견하게 될 것입니다.

Date   .   .   .

내 몸 알아가기

오늘 나의 컨디션은 _____

지금 내 몸의 아픈 곳은 _____

내 몸을 위해 내가 할 수 있는 일은 _____

내 몸에게 감사할 것은 _____

:: 수십 년 동안 잘 견뎌준 고마운 내 몸에 감사하자

내 마음 사랑하기

오늘 나의 마음은 _____

이유는 _____

오늘 내가 원하는 나의 마음은 _____

이걸 위해 나는 _____ 해보려고 한다.

:: 오늘도 잘할 수 있어! 나의 마음을 칭찬해주자

내 걱정 덜어내기

오늘 내가 걱정하는 일은 _____

이 일을 위해 오늘 내가 할 수 있는 일은 _____

오늘 하나님께 기도할 것은 _____

오늘 감사할 것들은 _____

:: 오늘도 하나님께서 날 도우실 거야. 지금까지 그랬던 것처럼!

나의 하나님과 동행하기

오늘 하나님께 하고 싶은 말은 _____

하나님께 감사하고 싶은 내용은 _____

오늘 하나님과 가까이할 수 있는 방법은 _____

:: 하나님이 오늘도 나를 지켜주심을 찬양하자

하나님께 드리고 싶은
기도를 써보세요.

"내가 날 때부터 주께 맡긴 바 되었고 모태에서 나올 때부터
주는 나의 하나님이 되셨나이다"(시 22:10).

Prayer note for middle age

나의 중년은 새로운 시작이다.
나를 부르신 하나님을 찬양하자.
나의 꿈을 다시 꾸자.
나를 위한 한 걸음을 시작하자.
나를 칭찬하고 안아주자.

Date   .   .   .

내 몸 알아가기

오늘 나의 컨디션은 _____

지금 내 몸의 아픈 곳은 _____

내 몸을 위해 내가 할 수 있는 일은 _____

내 몸에게 감사할 것은 _____

:: 수십 년 동안 잘 견뎌준 고마운 내 몸에 감사하자

내 마음 사랑하기

오늘 나의 마음은 _____

이유는 _____

오늘 내가 원하는 나의 마음은 _____

이걸 위해 나는 _____ 해보려고 한다.

:: 오늘도 잘할 수 있어! 나의 마음을 칭찬해주자

내 걱정 덜어내기

오늘 내가 걱정하는 일은 _____

이 일을 위해 오늘 내가 할 수 있는 일은 _____

오늘 하나님께 기도할 것은 _____

오늘 감사할 것들은 _____

:: 오늘도 하나님께서 날 도우실 거야, 지금까지 그랬던 것처럼!

나의 하나님과 동행하기

오늘 하나님께 하고 싶은 말은 _____

하나님께 감사하고 싶은 내용은 _____

오늘 하나님과 가까이할 수 있는 방법은 _____

:: 하나님이 오늘도 나를 지켜주심을 찬양하자

하나님께 드리고 싶은
기도를 써보세요.

"이러므로 나의 평생에 주를 송축하며 주의 이름으로 말미암아
나의 손을 들리이다"(시 63:4)

Prayer note for middle age

나의 중년은 새로운 시작이다.
나를 부르신 하나님을 찬양하자.
나의 꿈을 다시 꾸자.
나를 위한 찬 걸음을 시작하자.
나를 칭찬하고 안아주자.

Date   .   .   .

내 몸 알아가기

오늘 나의 컨디션은 _____

지금 내 몸의 아픈 곳은 _____

내 몸을 위해 내가 할 수 있는 일은 _____

내 몸에게 감사할 것은 _____

:: 수십 년 동안 잘 견뎌준 고마운 내 몸에 감사하자

내 마음 사랑하기

오늘 나의 마음은 _____

이유는 _____

오늘 내가 원하는 나의 마음은 _____

이걸 위해 나는 _____ 해보려고 한다.

:: 오늘도 잘할 수 있어! 나의 마음을 칭찬해주자

내 걱정 덜어내기

오늘 내가 걱정하는 일은 _____

이 일을 위해 오늘 내가 할 수 있는 일은 _____

오늘 하나님께 기도할 것은 _____

오늘 감사할 것들은 _____

:: 오늘도 하나님께서 날 도우실 거야. 지금까지 그랬던 것처럼!

나의 하나님과 동행하기

오늘 하나님께 하고 싶은 말은 _____

하나님께 감사하고 싶은 내용은 _____

오늘 하나님과 가까이할 수 있는 방법은 _____

:: 하나님이 오늘도 나를 지켜주심을 찬양하자

하나님께 드리고 싶은
기도를 써보세요.

"내가 날 때부터 주께 맡긴 바 되었고 모태에서 나올 때부터 주는 나의 하나님이 되셨나이다"(시 22:10).

Prayer note for middle age

나의 중년은 새로운 시작이다.
나를 부르신 하나님을 찬양하자.
나의 꿈을 다시 꾸자.
나를 위한 산 믿음을 시작하사.
나를 칭찬하고 안아주자.

Date   .   .   .

내 몸 알아가기

오늘 나의 컨디션은 _____

지금 내 몸의 아픈 곳은 _____

내 몸을 위해 내가 할 수 있는 일은 _____

내 몸에게 감사할 것은 _____

:: 수십 년 동안 잘 견뎌준 고마운 내 몸에 감사하자

내 마음 사랑하기

오늘 나의 마음은 _____

이유는 _____

오늘 내가 원하는 나의 마음은 _____

이걸 위해 나는 _____ 해보려고 한다.

:: 오늘도 잘할 수 있어! 나의 마음을 칭찬해주자

내 걱정 덜어내기

오늘 내가 걱정하는 일은 _____

이 일을 위해 오늘 내가 할 수 있는 일은 _____

오늘 하나님께 기도할 것은 _____

오늘 감사할 것들은 _____

:: 오늘도 하나님께서 날 도우실 거야. 지금까지 그랬던 것처럼!

나의 하나님과 동행하기

오늘 하나님께 하고 싶은 말은 _____

하나님께 감사하고 싶은 내용은 _____

오늘 하나님과 가까이할 수 있는 방법은 _____

:: 하나님이 오늘도 나를 지켜주심을 찬양하자

하나님께 드리고 싶은
기도를 써보세요.

"이러므로 나의 평생에 주를 송축하며 주의 이름으로 말미암아 나의 손을 들리이다"(시 63:4)

Prayer note for middle age

나의 중년은 새로운 시작이다.
나를 부르신 하나님을 찬양하자.
나의 꿈을 다시 꾸자.
나를 위한 한 걸음을 시작하자.
나를 칭찬하고 안아주자.

Date   .   .   .

내 몸 알아가기

오늘 나의 컨디션은 _____

지금 내 몸의 아픈 곳은 _____

내 몸을 위해 내가 할 수 있는 일은 _____

내 몸에게 감사할 것은 _____

:: 수십 년 동안 잘 견뎌준 고마운 내 몸에 감사하자

내 마음 사랑하기

오늘 나의 마음은 _____

이유는 _____

오늘 내가 원하는 나의 마음은 _____

이걸 위해 나는 _____ 해보려고 한다.

:: 오늘도 잘할 수 있어! 나의 마음을 칭찬해주자

내 걱정 덜어내기

오늘 내가 걱정하는 일은 _____

이 일을 위해 오늘 내가 할 수 있는 일은 _____

오늘 하나님께 기도할 것은 _____

오늘 감사할 것들은 _____

:: 오늘도 하나님께서 날 도우실 거야. 지금까지 그랬던 것처럼!

나의 하나님과 동행하기

오늘 하나님께 하고 싶은 말은 _____

하나님께 감사하고 싶은 내용은 _____

오늘 하나님과 가까이할 수 있는 방법은 _____

:: 하나님이 오늘도 나를 지켜주심을 찬양하자

하나님께 드리고 싶은
기도를 써보세요.

"내가 날 때부터 주께 맡긴 바 되었고 모태에서 나올 때부터 주는 나의 하나님이 되셨나이다"(시 22:10).

Prayer note for middle age

나의 중년은 새로운 시작이다.
나를 부르신 하나님을 찬양하자.
나의 꿈을 다시 꾸자.
나를 위한 찬 걸음을 시작하자.
나를 칭찬하고 안아주자.

Date   .   .   .

내 몸 알아가기

오늘 나의 컨디션은 _____

지금 내 몸의 아픈 곳은 _____

내 몸을 위해 내가 할 수 있는 일은 _____

내 몸에게 감사할 것은 _____

:: 수십 년 동안 잘 견뎌준 고마운 내 몸에 감사하자

내 마음 사랑하기

오늘 나의 마음은 _____

이유는 _____

오늘 내가 원하는 나의 마음은 _____

이걸 위해 나는 _____ 해보려고 한다.

:: 오늘도 잘할 수 있어! 나의 마음을 칭찬해주자

내 걱정 덜어내기

오늘 내가 걱정하는 일은 _____

이 일을 위해 오늘 내가 할 수 있는 일은 _____

오늘 하나님께 기도할 것은 _____

오늘 감사할 것들은 _____

:: 오늘도 하나님께서 날 도우실 거야, 지금까지 그랬던 것처럼!

나의 하나님과 동행하기

오늘 하나님께 하고 싶은 말은 _____

하나님께 감사하고 싶은 내용은 _____

오늘 하나님과 가까이할 수 있는 방법은 _____

:: 하나님이 오늘도 나를 지켜주심을 찬양하자

하나님께 드리고 싶은
기도를 써보세요.

"이러므로 나의 평생에 주를 송축하며 주의 이름으로 말미암아 나의 손을 들리이다"(시 63:4)

Prayer note for middle age

나의 중년은 새로운 시작이다.
나를 부르신 하나님을 찬양하자.
나의 꿈을 다시 꾸자.
나를 위한 한 걸음을 시작하지.
나를 칭찬하고 안아주자.

Date   .   .   .

내 몸 알아가기

오늘 나의 컨디션은 _____

지금 내 몸의 아픈 곳은 _____

내 몸을 위해 내가 할 수 있는 일은 _____

내 몸에게 감사할 것은 _____

:: 수십 년 동안 잘 견뎌준 고마운 내 몸에 감사하자

내 마음 사랑하기

오늘 나의 마음은 _____

이유는 _____

오늘 내가 원하는 나의 마음은 _____

이걸 위해 나는 _____ 해보려고 한다.

:: 오늘도 잘할 수 있어! 나의 마음을 칭찬해주자

내 걱정 덜어내기

오늘 내가 걱정하는 일은 _____

이 일을 위해 오늘 내가 할 수 있는 일은 _____

오늘 하나님께 기도할 것은 _____

오늘 감사할 것들은 _____

∷ 오늘도 하나님께서 날 도우실 거야. 지금까지 그랬던 것처럼!

나의 하나님과 동행하기

오늘 하나님께 하고 싶은 말은 _____

하나님께 감사하고 싶은 내용은 _____

오늘 하나님과 가까이할 수 있는 방법은 _____

∷ 하나님이 오늘도 나를 지켜주심을 찬양하자

하나님께 드리고 싶은
기도를 써보세요.

"내가 날 때부터 주께 맡긴 바 되었고 모태에서 나올 때부터
주는 나의 하나님이 되셨나이다"(시 22:10).

Prayer note for middle age

나의 중년은 새로운 시작이다.
나를 부르신 하나님을 찬양하자.
나의 꿈을 다시 꾸자.
나를 위한 힌 걸음을 시작하자.
나를 칭찬하고 안아주자.

Date   .   .   .

내 몸 알아가기

오늘 나의 컨디션은 _____

지금 내 몸의 아픈 곳은 _____

내 몸을 위해 내가 할 수 있는 일은 _____

내 몸에게 감사할 것은 _____

:: 수십 년 동안 잘 견뎌준 고마운 내 몸에 감사하자

내 마음 사랑하기

오늘 나의 마음은 _____

이유는 _____

오늘 내가 원하는 나의 마음은 _____

이걸 위해 나는 _____ 해보려고 한다.

:: 오늘도 잘할 수 있어! 나의 마음을 칭찬해주자

내 걱정 덜어내기

오늘 내가 걱정하는 일은 _____

이 일을 위해 오늘 내가 할 수 있는 일은 _____

오늘 하나님께 기도할 것은 _____

오늘 감사할 것들은 _____

:: 오늘도 하나님께서 날 도우실 거야, 지금까지 그랬던 것처럼!

나의 하나님과 동행하기

오늘 하나님께 하고 싶은 말은 _____

하나님께 감사하고 싶은 내용은 _____

오늘 하나님과 가까이할 수 있는 방법은 _____

:: 하나님이 오늘도 나를 지켜주심을 찬양하자

하나님께 드리고 싶은
기도를 써보세요.

"이러므로 나의 평생에 주를 송축하며 주의 이름으로 말미암아
나의 손을 들리이다"(시 63:4)

Prayer note for middle age

나의 중년은 새로운 시작이다.
나를 부르신 하나님을 찬양하자.
나의 꿈을 다시 꾸자.
나를 위한 한 걸음을 시작하자.
나를 칭찬하고 안아주자.

Date   .   .   .

내 몸 알아가기

오늘 나의 컨디션은 _____

지금 내 몸의 아픈 곳은 _____

내 몸을 위해 내가 할 수 있는 일은 _____

내 몸에게 감사할 것은 _____

:: 수십 년 동안 잘 견뎌준 고마운 내 몸에 감사하자

내 마음 사랑하기

오늘 나의 마음은 _____

이유는 _____

오늘 내가 원하는 나의 마음은 _____

이걸 위해 나는 _____ 해보려고 한다.

:: 오늘도 잘할 수 있어! 나의 마음을 칭찬해주자

내 걱정 덜어내기

오늘 내가 걱정하는 일은 _____

이 일을 위해 오늘 내가 할 수 있는 일은 _____

오늘 하나님께 기도할 것은 _____

오늘 감사할 것들은 _____

:: 오늘도 하나님께서 날 도우실 거야. 지금까지 그랬던 것처럼!

나의 하나님과 동행하기

오늘 하나님께 하고 싶은 말은 _____

하나님께 감사하고 싶은 내용은 _____

오늘 하나님과 가까이할 수 있는 방법은 _____

:: 하나님이 오늘도 나를 지켜주심을 찬양하자

하나님께 드리고 싶은
기도를 써보세요.

"내가 날 때부터 주께 맡긴 바 되었고 모태에서 나올 때부터
주는 나의 하나님이 되셨나이다"(시 22:10).

Prayer note for middle age

나의 중년은 새로운 시작이다.
나를 부르신 하나님을 찬양하자.
나의 꿈을 다시 꾸자.
나를 위한 힌 걸음을 시작하자.
나를 칭찬하고 안아주자.

Date   .   .   .

내 몸 알아가기

오늘 나의 컨디션은 _____

지금 내 몸의 아픈 곳은 _____

내 몸을 위해 내가 할 수 있는 일은 _____

내 몸에게 감사할 것은 _____

:: 수십 년 동안 잘 견뎌준 고마운 내 몸에 감사하자

내 마음 사랑하기

오늘 나의 마음은 _____

이유는 _____

오늘 내가 원하는 나의 마음은 _____

이걸 위해 나는 _____ 해보려고 한다.

:: 오늘도 잘할 수 있어! 나의 마음을 칭찬해주자

내 걱정 덜어내기

오늘 내가 걱정하는 일은 _____

이 일을 위해 오늘 내가 할 수 있는 일은 _____

오늘 하나님께 기도할 것은 _____

오늘 감사할 것들은 _____

:: 오늘도 하나님께서 날 도우실 거야. 지금까지 그랬던 것처럼!

나의 하나님과 동행하기

오늘 하나님께 하고 싶은 말은 _____

하나님께 감사하고 싶은 내용은 _____

오늘 하나님과 가까이할 수 있는 방법은 _____

:: 하나님이 오늘도 나를 지켜주심을 찬양하자

하나님께 드리고 싶은
기도를 써보세요.

"이러므로 나의 평생에 주를 송축하며 주의 이름으로 말미암아
나의 손을 들리이다"(시 63:4)

Prayer note for middle age

나의 중년은 새로운 시작이다.
나를 부르신 하나님을 찬양하자.
나의 꿈을 다시 꾸자.
나를 위한 한 걸음을 시작하자.
나를 칭찬하고 안아주자.

Date   .   .   .

내 몸 알아가기

오늘 나의 컨디션은 _____

지금 내 몸의 아픈 곳은 _____

내 몸을 위해 내가 할 수 있는 일은 _____

내 몸에게 감사할 것은 _____

:: 수십 년 동안 잘 견뎌준 고마운 내 몸에 감사하자

내 마음 사랑하기

오늘 나의 마음은 _____

이유는 _____

오늘 내가 원하는 나의 마음은 _____

이걸 위해 나는 _____ 해보려고 한다.

:: 오늘도 잘할 수 있어! 나의 마음을 칭찬해주자

내 걱정 덜어내기

오늘 내가 걱정하는 일은 _____

이 일을 위해 오늘 내가 할 수 있는 일은 _____

오늘 하나님께 기도할 것은 _____

오늘 감사할 것들은 _____

:: 오늘도 하나님께서 날 도우실 거야. 지금까지 그랬던 것처럼!

나의 하나님과 동행하기

오늘 하나님께 하고 싶은 말은 _____

하나님께 감사하고 싶은 내용은 _____

오늘 하나님과 가까이할 수 있는 방법은 _____

:: 하나님이 오늘도 나를 지켜주심을 찬양하자

하나님께 드리고 싶은
기도를 써보세요.

"내가 날 때부터 주께 맡긴 바 되었고 모태에서 나올 때부터 주는 나의 하나님이 되셨나이다"(시 22:10).

Prayer note for middle age

나의 중년은 새로운 시작이다.
나를 부르신 하나님을 찬양하자.
나의 꿈을 다시 꾸자.
나를 위한 힌 걸음을 시작하자.
나를 칭찬하고 안아주자.

Date   .   .   .

내 몸 알아가기

오늘 나의 컨디션은 _____

지금 내 몸의 아픈 곳은 _____

내 몸을 위해 내가 할 수 있는 일은 _____

내 몸에게 감사할 것은 _____

:: 수십 년 동안 잘 견뎌준 고마운 내 몸에 감사하자

내 마음 사랑하기

오늘 나의 마음은 _____

이유는 _____

오늘 내가 원하는 나의 마음은 _____

이걸 위해 나는 _____ 해보려고 한다.

:: 오늘도 잘할 수 있어! 나의 마음을 칭찬해주자

내 걱정 덜어내기

오늘 내가 걱정하는 일은 _____

이 일을 위해 오늘 내가 할 수 있는 일은 _____

오늘 하나님께 기도할 것은 _____

오늘 감사할 것들은 _____

:: 오늘도 하나님께서 날 도우실 거야. 지금까지 그랬던 것처럼!

나의 하나님과 동행하기

오늘 하나님께 하고 싶은 말은 _____

하나님께 감사하고 싶은 내용은 _____

오늘 하나님과 가까이할 수 있는 방법은 _____

:: 하나님이 오늘도 나를 지켜주심을 찬양하자

하나님께 드리고 싶은
기도를 써보세요.

"이러므로 나의 평생에 주를 송축하며 주의 이름으로 말미암아
나의 손을 들리이다"(시 63:4)

Prayer note for middle age

나의 중년은 새로운 시작이다.
나를 부르신 하나님을 찬양하자.
나의 꿈을 다시 꾸자.
나를 위한 한 걸음을 시작하자.
나를 칭찬하고 안아주자.

Date   .   .   .

내 몸 알아가기

오늘 나의 컨디션은 _____

지금 내 몸의 아픈 곳은 _____

내 몸을 위해 내가 할 수 있는 일은 _____

내 몸에게 감사할 것은 _____

:: 수십 년 동안 잘 견뎌준 고마운 내 몸에 감사하자

내 마음 사랑하기

오늘 나의 마음은 _____

이유는 _____

오늘 내가 원하는 나의 마음은 _____

이걸 위해 나는 _____ 해보려고 한다.

:: 오늘도 잘할 수 있어! 나의 마음을 칭찬해주자

내 걱정 덜어내기

오늘 내가 걱정하는 일은 _____

이 일을 위해 오늘 내가 할 수 있는 일은 _____

오늘 하나님께 기도할 것은 _____

오늘 감사할 것들은 _____

:: 오늘도 하나님께서 날 도우실 거야. 지금까지 그랬던 것처럼!

나의 하나님과 동행하기

오늘 하나님께 하고 싶은 말은 _____

하나님께 감사하고 싶은 내용은 _____

오늘 하나님과 가까이할 수 있는 방법은 _____

:: 하나님이 오늘도 나를 지켜주심을 찬양하자

하나님께 드리고 싶은
기도를 써보세요.

"내가 날 때부터 주께 맡긴 바 되었고 모태에서 나올 때부터
주는 나의 하나님이 되셨나이다"(시 22:10).

Prayer note for middle age

나의 중년은 새로운 시작이다.
나를 부르신 하나님을 찬양하자.
나의 꿈을 다시 꾸자.
나를 위한 힌 길음을 시작하자.
나를 칭찬하고 안아주자.

Date   .   .   .

내 몸 알아가기

오늘 나의 컨디션은 _____

지금 내 몸의 아픈 곳은 _____

내 몸을 위해 내가 할 수 있는 일은 _____

내 몸에게 감사할 것은 _____

:: 수십 년 동안 잘 견뎌준 고마운 내 몸에 감사하자

내 마음 사랑하기

오늘 나의 마음은 _____

이유는 _____

오늘 내가 원하는 나의 마음은 _____

이걸 위해 나는 _____ 해보려고 한다.

:: 오늘도 잘할 수 있어! 나의 마음을 칭찬해주자

내 걱정 덜어내기

오늘 내가 걱정하는 일은 _____

이 일을 위해 오늘 내가 할 수 있는 일은 _____

오늘 하나님께 기도할 것은 _____

오늘 감사할 것들은 _____

:: 오늘도 하나님께서 날 도우실 거야. 지금까지 그랬던 것처럼!

나의 하나님과 동행하기

오늘 하나님께 하고 싶은 말은 _____

하나님께 감사하고 싶은 내용은 _____

오늘 하나님과 가까이할 수 있는 방법은 _____

:: 하나님이 오늘도 나를 지켜주심을 찬양하자

하나님께 드리고 싶은
기도를 써보세요.

"이러므로 나의 평생에 주를 송축하며 주의 이름으로 말미암아 나의 손을 들리이다"(시 63:4)

Prayer note for middle age

나의 중년은 새로운 시작이다.
나를 부르신 하나님을 찬양하자.
나의 꿈을 다시 꾸자.
나를 위한 한 걸음을 시작하자.
나를 칭찬하고 안아주자.

Date   .   .   .

내 몸 알아가기

오늘 나의 컨디션은 _____

지금 내 몸의 아픈 곳은 _____

내 몸을 위해 내가 할 수 있는 일은 _____

내 몸에게 감사할 것은 _____

:: 수십 년 동안 잘 견뎌준 고마운 내 몸에 감사하자

내 마음 사랑하기

오늘 나의 마음은 _____

이유는 _____

오늘 내가 원하는 나의 마음은 _____

이걸 위해 나는 _____ 해보려고 한다.

:: 오늘도 잘할 수 있어! 나의 마음을 칭찬해주자

내 걱정 덜어내기

오늘 내가 걱정하는 일은 _____

이 일을 위해 오늘 내가 할 수 있는 일은 _____

오늘 하나님께 기도할 것은 _____

오늘 감사할 것들은 _____

∷ 오늘도 하나님께서 날 도우실 거야. 지금까지 그랬던 것처럼!

나의 하나님과 동행하기

오늘 하나님께 하고 싶은 말은 _____

하나님께 감사하고 싶은 내용은 _____

오늘 하나님과 가까이할 수 있는 방법은 _____

∷ 하나님이 오늘도 나를 지켜주심을 찬양하자

하나님께 드리고 싶은
기도를 써보세요.

"내가 날 때부터 주께 맡긴 바 되었고 모태에서 나올 때부터 주는 나의 하나님이 되셨나이다"(시 22:10).

Prayer note for middle age

나의 중년은 새로운 시작이다.
나를 부르신 하나님을 찬양하자.
나의 꿈을 다시 꾸자.
나를 위한 한 걸음을 시작하사.
나를 칭찬하고 안아주자.

Date   .   .   .

내 몸 알아가기

오늘 나의 컨디션은 _____

지금 내 몸의 아픈 곳은 _____

내 몸을 위해 내가 할 수 있는 일은 _____

내 몸에게 감사할 것은 _____

:: 수십 년 동안 잘 견뎌준 고마운 내 몸에 감사하자

내 마음 사랑하기

오늘 나의 마음은 _____

이유는 _____

오늘 내가 원하는 나의 마음은 _____

이걸 위해 나는 _____ 해보려고 한다.

:: 오늘도 잘할 수 있어! 나의 마음을 칭찬해주자

내 걱정 덜어내기

오늘 내가 걱정하는 일은 _____

이 일을 위해 오늘 내가 할 수 있는 일은 _____

오늘 하나님께 기도할 것은 _____

오늘 감사할 것들은 _____

:: 오늘도 하나님께서 날 도우실 거야. 지금까지 그랬던 것처럼!

나의 하나님과 동행하기

오늘 하나님께 하고 싶은 말은 _____

하나님께 감사하고 싶은 내용은 _____

오늘 하나님과 가까이할 수 있는 방법은 _____

:: 하나님이 오늘도 나를 지켜주심을 찬양하자

하나님께 드리고 싶은
기도를 써보세요.

"이러므로 나의 평생에 주를 송축하며 주의 이름으로 말미암아
나의 손을 들리이다"(시 63:4)

Prayer note for middle age

나의 중년은 새로운 시작이다.
나를 부르신 하나님을 찬양하자.
나의 꿈을 다시 꾸자.
나를 위한 한 걸음을 시작하자.
나를 칭찬하고 안아주자.

Date   .   .   .

내 몸 알아가기

오늘 나의 컨디션은 _____

지금 내 몸의 아픈 곳은 _____

내 몸을 위해 내가 할 수 있는 일은 _____

내 몸에게 감사할 것은 _____

:: 수십 년 동안 잘 견뎌준 고마운 내 몸에 감사하자

내 마음 사랑하기

오늘 나의 마음은 _____

이유는 _____

오늘 내가 원하는 나의 마음은 _____

이걸 위해 나는 _____ 해보려고 한다.

:: 오늘도 잘할 수 있어! 나의 마음을 칭찬해주자

내 걱정 덜어내기

오늘 내가 걱정하는 일은 _____

이 일을 위해 오늘 내가 할 수 있는 일은 _____

오늘 하나님께 기도할 것은 _____

오늘 감사할 것들은 _____

:: 오늘도 하나님께서 날 도우실 거야, 지금까지 그랬던 것처럼!

나의 하나님과 동행하기

오늘 하나님께 하고 싶은 말은 _____

하나님께 감사하고 싶은 내용은 _____

오늘 하나님과 가까이할 수 있는 방법은 _____

:: 하나님이 오늘도 나를 지켜주심을 찬양하자

하나님께 드리고 싶은
기도를 써보세요.

"내가 날 때부터 주께 맡긴 바 되었고 모태에서 나올 때부터 주는 나의 하나님이 되셨나이다"(시 22:10).

Prayer note for middle age

나의 중년은 새로운 시작이다.
나를 부르신 하나님을 찬양하자.
나의 꿈을 다시 꾸자.
나를 위한 한 걸음을 시작하자.
나를 칭찬하고 안아주자.

Date   .   .   .

내 몸 알아가기

오늘 나의 컨디션은 _____

지금 내 몸의 아픈 곳은 _____

내 몸을 위해 내가 할 수 있는 일은 _____

내 몸에게 감사할 것은 _____

:: 수십 년 동안 잘 견뎌준 고마운 내 몸에 감사하자

내 마음 사랑하기

오늘 나의 마음은 _____

이유는 _____

오늘 내가 원하는 나의 마음은 _____

이걸 위해 나는 _____ 해보려고 한다.

:: 오늘도 잘할 수 있어! 나의 마음을 칭찬해주자

내 걱정 덜어내기

오늘 내가 걱정하는 일은 _____

이 일을 위해 오늘 내가 할 수 있는 일은 _____

오늘 하나님께 기도할 것은 _____

오늘 감사할 것들은 _____

:: 오늘도 하나님께서 날 도우실 거야. 지금까지 그랬던 것처럼!

나의 하나님과 동행하기

오늘 하나님께 하고 싶은 말은 _____

하나님께 감사하고 싶은 내용은 _____

오늘 하나님과 가까이할 수 있는 방법은 _____

:: 하나님이 오늘도 나를 지켜주심을 찬양하자

하나님께 드리고 싶은
기도를 써보세요.

"이러므로 나의 평생에 주를 송축하며 주의 이름으로 말미암아 나의 손을 들리이다"(시 63:4)

Prayer note for middle age

나의 중년은 새로운 시작이다.
나를 부르신 하나님을 찬양하자.
나의 꿈을 다시 꾸자.
나를 위한 힌 길음을 시작하자.
나를 칭찬하고 안아주자.

Date   .   .   .

내 몸 알아가기

오늘 나의 컨디션은 _____

지금 내 몸의 아픈 곳은 _____

내 몸을 위해 내가 할 수 있는 일은 _____

내 몸에게 감사할 것은 _____

:: 수십 년 동안 잘 견뎌준 고마운 내 몸에 감사하자

내 마음 사랑하기

오늘 나의 마음은 _____

이유는 _____

오늘 내가 원하는 나의 마음은 _____

이걸 위해 나는 _____ 해보려고 한다.

:: 오늘도 잘할 수 있어! 나의 마음을 칭찬해주자

내 걱정 덜어내기

오늘 내가 걱정하는 일은 _____

이 일을 위해 오늘 내가 할 수 있는 일은 _____

오늘 하나님께 기도할 것은 _____

오늘 감사할 것들은 _____

:: 오늘도 하나님께서 날 도우실 거야. 지금까지 그랬던 것처럼!

나의 하나님과 동행하기

오늘 하나님께 하고 싶은 말은 _____

하나님께 감사하고 싶은 내용은 _____

오늘 하나님과 가까이할 수 있는 방법은 _____

:: 하나님이 오늘도 나를 지켜주심을 찬양하자

하나님께 드리고 싶은
기도를 써보세요.

"내가 날 때부터 주께 맡긴 바 되었고 모태에서 나올 때부터
주는 나의 하나님이 되셨나이다"(시 22:10).

Prayer note for middle age

나의 중년은 새로운 시작이다.
나를 부르신 하나님을 찬양하자.
나의 꿈을 다시 꾸자.
나를 위한 힌 길음을 시작하사.
나를 칭찬하고 안아주자.

Date   .   .   .

내 몸 알아가기

오늘 나의 컨디션은 _____

지금 내 몸의 아픈 곳은 _____

내 몸을 위해 내가 할 수 있는 일은 _____

내 몸에게 감사할 것은 _____

:: 수십 년 동안 잘 견뎌준 고마운 내 몸에 감사하자

내 마음 사랑하기

오늘 나의 마음은 _____

이유는 _____

오늘 내가 원하는 나의 마음은 _____

이걸 위해 나는 _____ 해보려고 한다.

:: 오늘도 잘할 수 있어! 나의 마음을 칭찬해주자

내 걱정 덜어내기

오늘 내가 걱정하는 일은 _____

이 일을 위해 오늘 내가 할 수 있는 일은 _____

오늘 하나님께 기도할 것은 _____

오늘 감사할 것들은 _____

:: 오늘도 하나님께서 날 도우실 거야. 지금까지 그랬던 것처럼!

나의 하나님과 동행하기

오늘 하나님께 하고 싶은 말은 _____

하나님께 감사하고 싶은 내용은 _____

오늘 하나님과 가까이할 수 있는 방법은 _____

:: 하나님이 오늘도 나를 지켜주심을 찬양하자

하나님께 드리고 싶은
기도를 써보세요.

"이러므로 나의 평생에 주를 송축하며 주의 이름으로 말미암아
나의 손을 들리이다"(시 63:4)

Prayer note for middle age

나의 중년은 새로운 시작이다.
나를 부르신 하나님을 찬양하자.
나의 꿈을 다시 꾸자.
나를 위한 한 걸음을 시작하자.
나를 칭찬하고 안아주자.

Date   .   .   .

내 몸 알아가기

오늘 나의 컨디션은 _____

지금 내 몸의 아픈 곳은 _____

내 몸을 위해 내가 할 수 있는 일은 _____

내 몸에게 감사할 것은 _____

:: 수십 년 동안 잘 견뎌준 고마운 내 몸에 감사하자

내 마음 사랑하기

오늘 나의 마음은 _____

이유는 _____

오늘 내가 원하는 나의 마음은 _____

이걸 위해 나는 _____ 해보려고 한다.

:: 오늘도 잘할 수 있어! 나의 마음을 칭찬해주자

내 걱정 덜어내기

오늘 내가 걱정하는 일은 _____

이 일을 위해 오늘 내가 할 수 있는 일은 _____

오늘 하나님께 기도할 것은 _____

오늘 감사할 것들은 _____

:: 오늘도 하나님께서 날 도우실 거야. 지금까지 그랬던 것처럼!

나의 하나님과 동행하기

오늘 하나님께 하고 싶은 말은 _____

하나님께 감사하고 싶은 내용은 _____

오늘 하나님과 가까이할 수 있는 방법은 _____

:: 하나님이 오늘도 나를 지켜주심을 찬양하자

하나님께 드리고 싶은
기도를 써보세요.

"내가 날 때부터 주께 맡긴 바 되었고 모태에서 나올 때부터 주는 나의 하나님이 되셨나이다"(시 22:10).

Prayer note for middle age

나의 중년은 새로운 시작이다.
나를 부르신 하나님을 찬양하자.
나의 꿈을 다시 꾸자.
나를 위한 한 걸음을 시작하자.
나를 칭찬하고 안아주자.

Date   .   .   .

내 몸 알아가기

오늘 나의 컨디션은 _____

지금 내 몸의 아픈 곳은 _____

내 몸을 위해 내가 할 수 있는 일은 _____

내 몸에게 감사할 것은 _____

:: 수십 년 동안 잘 견뎌준 고마운 내 몸에 감사하자

내 마음 사랑하기

오늘 나의 마음은 _____

이유는 _____

오늘 내가 원하는 나의 마음은 _____

이걸 위해 나는 _____ 해보려고 한다.

:: 오늘도 잘할 수 있어! 나의 마음을 칭찬해주자

내 걱정 덜어내기

오늘 내가 걱정하는 일은 _____

이 일을 위해 오늘 내가 할 수 있는 일은 _____

오늘 하나님께 기도할 것은 _____

오늘 감사할 것들은 _____

:: 오늘도 하나님께서 날 도우실 거야. 지금까지 그랬던 것처럼!

나의 하나님과 동행하기

오늘 하나님께 하고 싶은 말은 _____

하나님께 감사하고 싶은 내용은 _____

오늘 하나님과 가까이할 수 있는 방법은 _____

:: 하나님이 오늘도 나를 지켜주심을 찬양하자

하나님께 드리고 싶은
기도를 써보세요.

"이러므로 나의 평생에 주를 송축하며 주의 이름으로 말미암아 나의 손을 들리이다"(시 63:4)

Prayer note for middle age

나의 중년은 새로운 시작이다.
나를 부르신 하나님을 찬양하자.
나의 꿈을 다시 꾸자.
나를 위한 한 걸음을 시작하자.
나를 칭찬하고 안아주자.

Date   .   .   .

내 몸 알아가기

오늘 나의 컨디션은 _____

지금 내 몸의 아픈 곳은 _____

내 몸을 위해 내가 할 수 있는 일은 _____

내 몸에게 감사할 것은 _____

:: 수십 년 동안 잘 견뎌준 고마운 내 몸에 감사하자

내 마음 사랑하기

오늘 나의 마음은 _____

이유는 _____

오늘 내가 원하는 나의 마음은 _____

이걸 위해 나는 _____ 해보려고 한다.

:: 오늘도 잘할 수 있어! 나의 마음을 칭찬해주자

내 걱정 덜어내기

오늘 내가 걱정하는 일은 _____

이 일을 위해 오늘 내가 할 수 있는 일은 _____

오늘 하나님께 기도할 것은 _____

오늘 감사할 것들은 _____

:: 오늘도 하나님께서 날 도우실 거야. 지금까지 그랬던 것처럼!

나의 하나님과 동행하기

오늘 하나님께 하고 싶은 말은 _____

하나님께 감사하고 싶은 내용은 _____

오늘 하나님과 가까이할 수 있는 방법은 _____

:: 하나님이 오늘도 나를 지켜주심을 찬양하자

하나님께 드리고 싶은
기도를 써보세요.

"내가 날 때부터 주께 맡긴 바 되었고 모태에서 나올 때부터
주는 나의 하나님이 되셨나이다"(시 22:10).

Prayer note for middle age

나의 중년은 새로운 시작이다.
나를 부르신 하나님을 찬양하자.
나의 꿈을 다시 꾸자.
나를 위한 한 걸음을 시작하자.
나를 칭찬하고 안아주자.

Date   .   .   .

내 몸 알아가기

오늘 나의 컨디션은 _____

지금 내 몸의 아픈 곳은 _____

내 몸을 위해 내가 할 수 있는 일은 _____

내 몸에게 감사할 것은 _____

:: 수십 년 동안 잘 견뎌준 고마운 내 몸에 감사하자

내 마음 사랑하기

오늘 나의 마음은 _____

이유는 _____

오늘 내가 원하는 나의 마음은 _____

이걸 위해 나는 _____ 해보려고 한다.

:: 오늘도 잘할 수 있어! 나의 마음을 칭찬해주자

내 걱정 덜어내기

오늘 내가 걱정하는 일은 _____

이 일을 위해 오늘 내가 할 수 있는 일은 _____

오늘 하나님께 기도할 것은 _____

오늘 감사할 것들은 _____

:: 오늘도 하나님께서 날 도우실 거야, 지금까지 그랬던 것처럼!

나의 하나님과 동행하기

오늘 하나님께 하고 싶은 말은 _____

하나님께 감사하고 싶은 내용은 _____

오늘 하나님과 가까이할 수 있는 방법은 _____

:: 하나님이 오늘도 나를 지켜주심을 찬양하자

하나님께 드리고 싶은
기도를 써보세요.

"이러므로 나의 평생에 주를 송축하며 주의 이름으로 말미암아
나의 손을 들리이다"(시 63:4)

Prayer note for middle age

나의 중년은 새로운 시작이다.
나를 부르신 하나님을 찬양하자.
나의 꿈을 다시 꾸자.
나를 위한 한 걸음을 시작하자.
나를 힘껏차고 안아주자.

Date . . .

내 몸 알아가기

오늘 나의 컨디션은 _____

지금 내 몸의 아픈 곳은 _____

내 몸을 위해 내가 할 수 있는 일은 _____

내 몸에게 감사할 것은 _____

:: 수십 년 동안 잘 견뎌준 고마운 내 몸에 감사하자

내 마음 사랑하기

오늘 나의 마음은 _____

이유는 _____

오늘 내가 원하는 나의 마음은 _____

이걸 위해 나는 _____ 해보려고 한다.

:: 오늘도 잘할 수 있어! 나의 마음을 칭찬해주자

내 걱정 덜어내기

오늘 내가 걱정하는 일은 _____

이 일을 위해 오늘 내가 할 수 있는 일은 _____

오늘 하나님께 기도할 것은 _____

오늘 감사할 것들은 _____

:: 오늘도 하나님께서 날 도우실 거야. 지금까지 그랬던 것처럼!

나의 하나님과 동행하기

오늘 하나님께 하고 싶은 말은 _____

하나님께 감사하고 싶은 내용은 _____

오늘 하나님과 가까이할 수 있는 방법은 _____

:: 하나님이 오늘도 나를 지켜주심을 찬양하자

하나님께 드리고 싶은
기도를 써보세요.

"내가 날 때부터 주께 맡긴 바 되었고 모태에서 나올 때부터
주는 나의 하나님이 되셨나이다"(시 22:10).

Prayer note for middle age

나의 중년은 새로운 시작이다.
나를 부르신 하나님을 찬양하자.
나의 꿈을 다시 꾸자.
나를 위한 한 걸음을 시작하자.
나를 칭찬하고 안아주자.

Date   .   .   .

내 몸 알아가기

오늘 나의 컨디션은 _____

지금 내 몸의 아픈 곳은 _____

내 몸을 위해 내가 할 수 있는 일은 _____

내 몸에게 감사할 것은 _____

:: 수십 년 동안 잘 견뎌준 고마운 내 몸에 감사하자

내 마음 사랑하기

오늘 나의 마음은 _____

이유는 _____

오늘 내가 원하는 나의 마음은 _____

이걸 위해 나는 _____ 해보려고 한다.

:: 오늘도 잘할 수 있어! 나의 마음을 칭찬해주자

내 걱정 덜어내기

오늘 내가 걱정하는 일은 _____

이 일을 위해 오늘 내가 할 수 있는 일은 _____

오늘 하나님께 기도할 것은 _____

오늘 감사할 것들은 _____

:: 오늘도 하나님께서 날 도우실 거야. 지금까지 그랬던 것처럼!

나의 하나님과 동행하기

오늘 하나님께 하고 싶은 말은 _____

하나님께 감사하고 싶은 내용은 _____

오늘 하나님과 가까이할 수 있는 방법은 _____

:: 하나님이 오늘도 나를 지켜주심을 찬양하자

하나님께 드리고 싶은
기도를 써보세요.

"이러므로 나의 평생에 주를 송축하며 주의 이름으로 말미암아 나의 손을 들리이다"(시 63:4)

Prayer note for middle age

나의 중년은 새로운 시작이다.
나를 부르신 하나님을 찬양하자.
나의 꿈을 다시 꾸자.
나를 위한 한 걸음을 시작하자.
나를 칭찬하고 안아주자.

Date   .   .   .

내 몸 알아가기

오늘 나의 컨디션은 _____

지금 내 몸의 아픈 곳은 _____

내 몸을 위해 내가 할 수 있는 일은 _____

내 몸에게 감사할 것은 _____

:: 수십 년 동안 잘 견뎌준 고마운 내 몸에 감사하자

내 마음 사랑하기

오늘 나의 마음은 _____

이유는 _____

오늘 내가 원하는 나의 마음은 _____

이걸 위해 나는 _____ 해보려고 한다.

:: 오늘도 잘할 수 있어! 나의 마음을 칭찬해주자

내 걱정 덜어내기

오늘 내가 걱정하는 일은 _____

이 일을 위해 오늘 내가 할 수 있는 일은 _____

오늘 하나님께 기도할 것은 _____

오늘 감사할 것들은 _____

∷ 오늘도 하나님께서 날 도우실 거야. 지금까지 그랬던 것처럼!

나의 하나님과 동행하기

오늘 하나님께 하고 싶은 말은 _____

하나님께 감사하고 싶은 내용은 _____

오늘 하나님과 가까이할 수 있는 방법은 _____

∷ 하나님이 오늘도 나를 지켜주심을 찬양하자

하나님께 드리고 싶은
기도를 써보세요.

"내가 날 때부터 주께 맡긴 바 되었고 모태에서 나올 때부터
주는 나의 하나님이 되셨나이다"(시 22:10).

Prayer note for middle age

나의 중년은 새로운 시작이다.
나를 부르신 하나님을 찬양하자.
나의 꿈을 다시 꾸자.
나를 위한 한 걸음을 시작하자.
나를 칭찬하고 안아주자.

Date   .   .   .

내 몸 알아가기

오늘 나의 컨디션은 _____

지금 내 몸의 아픈 곳은 _____

내 몸을 위해 내가 할 수 있는 일은 _____

내 몸에게 감사할 것은 _____

:: 수십 년 동안 잘 견뎌준 고마운 내 몸에 감사하자

내 마음 사랑하기

오늘 나의 마음은 _____

이유는 _____

오늘 내가 원하는 나의 마음은 _____

이걸 위해 나는 _____ 해보려고 한다.

:: 오늘도 잘할 수 있어! 나의 마음을 칭찬해주자

내 걱정 덜어내기

오늘 내가 걱정하는 일은 _____

이 일을 위해 오늘 내가 할 수 있는 일은 _____

오늘 하나님께 기도할 것은 _____

오늘 감사할 것들은 _____

:: 오늘도 하나님께서 날 도우실 거야. 지금까지 그랬던 것처럼!

나의 하나님과 동행하기

오늘 하나님께 하고 싶은 말은 _____

하나님께 감사하고 싶은 내용은 _____

오늘 하나님과 가까이할 수 있는 방법은 _____

:: 하나님이 오늘도 나를 지켜주심을 찬양하자

하나님께 드리고 싶은
기도를 써보세요.

"이러므로 나의 평생에 주를 송축하며 주의 이름으로 말미암아
나의 손을 들리이다"(시 63:4)

Prayer note for middle age

나의 중년은 새로운 시작이다.
나를 부르신 하나님을 찬양하자.
나의 꿈을 다시 꾸자.
나를 위한 한 걸음을 시작하자.
나를 칭찬하고 안아주자.

Date . . .

내 몸 알아가기

오늘 나의 컨디션은 _____

지금 내 몸의 아픈 곳은 _____

내 몸을 위해 내가 할 수 있는 일은 _____

내 몸에게 감사할 것은 _____

:: 수십 년 동안 잘 견뎌준 고마운 내 몸에 감사하자

내 마음 사랑하기

오늘 나의 마음은 _____

이유는 _____

오늘 내가 원하는 나의 마음은 _____

이걸 위해 나는 _____ 해보려고 한다.

:: 오늘도 잘할 수 있어! 나의 마음을 칭찬해주자

내 걱정 덜어내기

오늘 내가 걱정하는 일은 _____

이 일을 위해 오늘 내가 할 수 있는 일은 _____

오늘 하나님께 기도할 것은 _____

오늘 감사할 것들은 _____

:: 오늘도 하나님께서 날 도우실 거야. 지금까지 그랬던 것처럼!

나의 하나님과 동행하기

오늘 하나님께 하고 싶은 말은 _____

하나님께 감사하고 싶은 내용은 _____

오늘 하나님과 가까이할 수 있는 방법은 _____

:: 하나님이 오늘도 나를 지켜주심을 찬양하자

하나님께 드리고 싶은
기도를 써보세요.

"내가 날 때부터 주께 맡긴 바 되었고 모태에서 나올 때부터
주는 나의 하나님이 되셨나이다"(시 22:10).

Prayer note for middle age

나의 중년은 새로운 시작이다.
나를 부르신 하나님을 찬양하자.
나의 꿈을 다시 꾸자.
나를 위한 한 걸음을 시작하자.
나를 칭찬하고 안아주자.

Date   .   .   .

내 몸 알아가기

오늘 나의 컨디션은 _____

지금 내 몸의 아픈 곳은 _____

내 몸을 위해 내가 할 수 있는 일은 _____

내 몸에게 감사할 것은 _____

:: 수십 년 동안 잘 견뎌준 고마운 내 몸에 감사하자

내 마음 사랑하기

오늘 나의 마음은 _____

이유는 _____

오늘 내가 원하는 나의 마음은 _____

이걸 위해 나는 _____ 해보려고 한다.

:: 오늘도 잘 할 수 있어! 나의 마음을 칭찬해 주자

내 걱정 덜어내기

오늘 내가 걱정하는 일은 _____

이 일을 위해 오늘 내가 할 수 있는 일은 _____

오늘 하나님께 기도할 것은 _____

오늘 감사할 것들은 _____

:: 오늘도 하나님께서 날 도우실 거야. 지금까지 그랬던 것처럼!

나의 하나님과 동행하기

오늘 하나님께 하고 싶은 말은 _____

하나님께 감사하고 싶은 내용은 _____

오늘 하나님과 가까이할 수 있는 방법은 _____

:: 하나님이 오늘도 나를 지켜주심을 찬양하자

하나님께 드리고 싶은
기도를 써보세요.

"이러므로 나의 평생에 주를 송축하며 주의 이름으로 말미암아 나의 손을 들리이다"(시 63:4)

Prayer note for middle age

나의 중년은 새로운 시작이다.
나를 부르신 하나님을 찬양하자.
나의 꿈을 다시 꾸자.
나를 위한 한 걸음을 시작하자.
나를 칭찬하고 안아주자.

사명선언문

너희가 흠이 없고 순전하여……세상에서 그들 가운데 빛들로
나타내며 생명의 말씀을 밝혀 _ 빌 2:15-16

1. 생명을 담겠습니다
만드는 책에 주님 주신 생명을 담겠습니다.
그 책으로 복음을 선포하겠습니다.

2. 말씀을 밝히겠습니다
생명의 근본은 말씀입니다.
말씀을 밝혀 성도와 교회의 성장을 돕겠습니다.

3. 빛이 되겠습니다
시대와 영혼의 어두움을 밝혀 주님 앞으로 이끄는
빛이 되는 책을 만들겠습니다.

4. 순전히 행하겠습니다
책을 만들고 전하는 일과 경영하는 일에 부끄러움이 없는
정직함으로 행하겠습니다.

5. 끝까지 전파하겠습니다
모든 사람에게, 땅 끝까지, 주님 오시는 그날까지
복음을 전하는 사명을 다하겠습니다.

서점 안내

광화문점	서울시 종로구 새문안로 69 구세군회관 1층 02)737-2288 / 02)737-4623(F)
강남점	서울시 서초구 신반포로 177 반포쇼핑타운 3동 2층 02)595-1211 / 02)595-3549(F)
구로점	서울시 동작구 시흥대로 602, 3층 302호 02)858-8744 / 02)838-0653(F)
노원점	서울시 노원구 동일로 1366 삼봉빌딩 지하 1층 02)938-7979 / 02)3391-6169(F)
일산점	경기도 고양시 일산서구 중앙로 1391 레이크타운 지하 1층 031)916-8787 / 031)916-8788(F)
의정부점	경기도 의정부시 청사로47번길 12 성산타워 3층 031)845-0600 / 031)852-6930(F)
인터넷서점	www.lifebook.co.kr